Inhalt

Smartphone-Applikationen - Neue Geschäftsmodelle im mobilen Internet

Kernthesen

Beitrag

Fallbeispiele

Weiterführende Literatur

Impressum

GENIOS WirtschaftsWissen Nr. 03/2010 vom 01.03.2010

Smartphone-Applikationen - Neue Geschäftsmodelle im mobilen Internet

M. Westphal

Kernthesen

- Handys von heute sind inzwischen mobile Alleskönner.
- Die reichhaltigen Applikationen und technischen Features der Geräte ermöglichen in Zusammenhang mit mobilen Daten-Flatrates neue Geschäftsmodelle im Internet.
- Basis für moderne Killer-Services ist eine installierte und aktive Navigationslösung auf den Endgeräten.

- Die strategische Bedeutung dieser installierten Navigationslösung haben viele Unternehmen erkannt, weshalb Google und Nokia solche Lösungen jetzt kostenlos anbieten.

Beitrag

Handys sind inzwischen mobile Alleskönner

Handys von heute haben Prozessoren integriert, die schon bis zu einer Milliarde Rechenschritte in der Sekunde ausführen können. Außerdem ist neben einer Kamera häufig auch ein Bewegungssensor, Kompass und auch das Satellitennavigationssystem GPS integriert. Damit können die Geräte inzwischen weitaus mehr als telefonieren und Internetseiten anzeigen. Die neuen Möglichkeiten wecken nicht nur Begehrlichkeiten bei den Nutzern, sondern auch bei Unternehmen, die neue Geschäftsmodelle erkennen.

Das mobile Internet wird günstig und damit für die Nutzer attraktiv

Von verschiedenen deutschen Anbietern werden Internet- und Daten-Flatrates für Handys bereits für zehn Euro im Monat angeboten. Das macht diesen Service, über den Internetverbindung, E-Mail oder auch Online-Banking möglich ist, sehr attraktiv. Nachdem es inzwischen neben Apples iPhone auch viele andere Endgeräte gibt, die überzeugend funktionieren, wird sich das mobile Internet weiter durchsetzen. Insbesondere Googles PLattform "Android", für die inzwischen bereits etwa 20 Endgeräte angeboten werden, führt zu zunehmenden Zugriffen auf das mobile Internet. So belegen in den USA Android-Handys schon 20 Prozent des mobilen Datenverkehrs, im Vergleich zu Apples iPhone, welches 50 Prozent auf sich vereinen kann. Blackberry-Nutzer kommen auf sieben Prozent. Nokia mit seiner Plattform "Symbian" und andere Anbieter mit der "Windows Mobile" Plattform bieten Geräte an, die in der Gunst der Kunden deutlich hinterherhinken. (7)

Günstigere Daten-Flatrates werden die mobile Internetnutzung deutlich anwachsen lassen und damit die Attraktivität des Marktes für viele Unternehmen stark erhöhen.
Eines dieser Unternehmen ist Google. Google sucht ständig nach neuen Erlösmodellen. Um nicht nur an den heimischen PC gebunden zu sein, hat Google das Betriebssystem "Android" entwickelt und eigene

Handys auf den Markt gebracht. Damit erhöht sich zum einen die Basis für weitere Geschäftsmodelle im mobilen Bereich. Zum anderen wird die Datenbasis über die Nutzer erweitert, da Google im Falle der mobilen Endgeräte ständig weiß, wo sich der Nutzer gerade aufhält und das ist sehr wertvolles Wissen. Es gibt bereits mehr als vier Milliarden mobile Endgeräte, die den Nutzer überall hin begleiten und immer häufiger auch als Webzugang genutzt werden. Google wie auch andere Unternehmen könnten den Nutzern dann auch jederzeit lokalisierte Werbung auf das Handy senden. (6)

Viele Unternehmen wollen an möglichen Geschäftsmodellen des mobilen Internets partizipieren

Die Vorreiter im Kampf um Erlöse aus dem mobilen Internet sind nicht die Festnetz- oder Mobilfunk-Anbieter, sondern Unternehmen wie Apple und Google, die in der Welt moderner Hardware oder Internet-Services zu Hause sind.
Gerade moderne Internet-Plattformen für mobile Endgeräte bilden die Basis für Erfolg.
Neben Google arbeiten auch Apple und Nokia an eigenen Werbe- und Vermarktungsplattformen. Um

dieses Ziel zu erreichen, haben Google und Apple in jüngster Vergangenheit entsprechende größere Akquisitionen getätigt.

Ein ideales Fundament für eine solche Plattform ist eine installierte und aktiv genutzte Navigationslösung auf einem Handy, da damit permanent der aktuelle Standort des Nutzers ermittelt wird. Das ist eine wesentliche Voraussetzung für lokalisationsbasierte Werbeeinnahmen. Die strategische Bedeutung dieser Daten wird auch daran deutlich, dass Apple versucht, die im iPhone ermittelten Positionsdaten für Google nicht nutzbar zu machen. (1)

Navigationslösungen sind bisher für mobile Endgeräte kostenpflichtig. Nokia hatte vor zwei Jahren das Navigationsunternehmen Navteq gekauft, um mit den Abonnements Geld zu verdienen. Die Verbreitung ist daher noch wenig ausgeprägt.

Mobile Navigation auf Handys ist die Basis für neue mobile Geschäftsmodelle

Mobile Navigation auf Handys ist die strategische Basis für Erfolg im mobilen Internet.

Google zerstört ein Geschäftsmodell nach dem anderen, um seine Ziele zu verwirklichen. Jetzt hat das Unternehmen den Markt für Navigationshilfen ins Visier genommen. Nokia und andere Anbieter digitalen Kartenmaterials wie Garmin oder Tom-Tom sehen ihr Geschäftsmodell gefährdet. Denn Google startet in den USA ein Pilotprojekt, bei dem eine Navigationshilfe auf Handys, die mit dem Android-Betriebssystem laufen, kostenlos angeboten wird. Im Kampf gegen Google bietet Nokia jetzt selbst seine Navigationslösung kostenfrei an. (3)

Gerade die Navigation mittels Handy bietet ganz neue Möglichkeiten und damit auch Geschäftsmodelle. Neben den Wegbeschreibungen lassen sich Livebilder einblenden von Geschäften, Bars, Bankautomaten, zu vermietenden Wohnungen und vielem mehr. Und damit lässt sich dann natürlich auch Geld verdienen. (4)
Auch im Tourismus sind Anwendungen möglich. Ein Nutzer richtet etwa seine Handykamera auf eine Ruine und bekommt anschließend ein Bild gesandt, wie es früher dort aussah und weitere Informationen zum Standort. Dabei könnte das Objekt entweder fotografiert und dann bei einem großen Provider in einer Datenbank abgeglichen werden, oder der Standort wird mittels GPS-Navigation und Kompass-Daten des Handys ermittelt. (4)
Googles "Goggles" und eine iPhone-Applikation des Online-Händlers Amazon funktionieren bereits ähnlich. Hier wird ein Foto in der Datenbank im

Rechenzentrum des Unternehmens abgeglichen und die gewünschten Informationen zu dem Artikel übermittelt. (4)

Zwar ist das Angebot z. B. von Googles "Goggles" noch nicht perfekt, aber bereits einige Millionen, der gut einer Milliarde Objekte der Bilddatenbank von Google werden bereits erkannt. In naher Zukunft werden dann vielleicht sogar Gesichter erkannt. Das ist zwar eines der größten technischen Probleme. Sobald dieses aber gelöst ist, ist es möglich, dass die Handykamera auf eine Person gerichtet wird und die entsprechenden bei Google gespeicherten Informationen aus Twitter, Facebook oder anderen Quellen dem Handynutzer übermittelt werden. Inwieweit dies mit dem Datenschutz noch vereinbar ist, steht freilich auf einem anderen Blatt. (6)

Nokia kämpft aggressiv um seine Marktposition mit einem kostenlosen Navigationsangebot

Nokia hat den digitalen Kartenhersteller Navteq vor zwei Jahren für gut fünf Milliarden Euro gekauft. Das Unternehmen erwartete sich von dieser Akquisition ein Standbein im lukrativen Markt für Navigationslösungen. Ein Drittel der Umsätze der Nokia-Vermarktungsplattform sollten mit diesen

Navigationslösungen eingespielt werden. Die jetzt angekündigte kostenlose Bereitstellung der Navigationslösung führte Ende Januar bei der Bilanzpräsentation zu einer Wertberichtigung auf Navteq. (1), (2)
Nokia bietet sein Navigationssystem für Nokia-Kunden zukünftig in 74 Ländern und 46 Sprachen kostenlos an. Dieses Angebot ist eine Antwort auf Googles Vorstoß, für Smartphones, die das Android-Betriebssystem nutzen, eine kostenlose Navigation von Google anzubieten. Dieses Angebot von Google befindet sich zwar noch in der Beta-Phase und ist auch erst einmal nur in den USA und nur in englischer Sprache verfügbar. Trotzdem kann hiervon nicht nur eine Bedrohung für die Anbieter von Navigationssystemen ausgehen, sondern eben auch für Anbieter von Smartphones, die nicht das Google-Betriebssystem nutzen.

Bisher mussten Nokia-Kunden sich die Navigationssoftware von Nokia aus dem Ovi-Store laden und etwa 60 Euro pro Jahr zahlen. (1), (2)
Die Nokia-Navigation umfasst Fußgänger- wie auch Autonavigation mit Sprachausgabe. Lokale Info- und Serviceangebote wie z. B. vom Michelin-Restaurantführer sind ebenso enthalten. Updates können kostenlos bezogen werden. (1)
Der Vorteil der Nokia-Lösung gegenüber Googles Angebot liegt in der deutlich effizienteren Nutzung

von Datentraffic. Für eine 20 Kilometer lange Strecke werden bei Nokia etwa 200 Kilobyte benötigt, wohingegen es bei Google zwei Megabyte sind. Das kann das Laden der Karten schneller sicherstellen wie auch deutlich geringere Roaminggebühren bedeuten, sofern der Service im Ausland genutzt wird. (1)
Die Navigationssoftware von Nokia soll ab März 2010 auf allen Nokia-Modellen mit Navigations-Chip und Symbian60-Bertriebssystem bei Auslieferung vorinstalliert sein. (1), (2)

Ein großes Problem für ein erfolgreiches weltweites Navigationsangebot von Google stellt zum einen eine Erkennung anderer Sprachen als Englisch dar. Außerdem hat Google für Europa kein eigenes Kartenmaterial, sondern greift auf die Karten von Tele Atlas zurück. Die Mutter von Tele Atlas ist Tom-Tom, wodurch Konfliktpotential vorprogrammiert sein dürfte. Denn Tom-Tom hatte für Tele Atlas etwa 2,9 Milliarden Euro gezahlt. Google versucht nun im Rahmen seines Projekts Google Street View sämtliche Verkehrszüge mit zu vermessen, um so an entsprechendes Kartenmaterial zu kommen. (5), (6)

Ziel von Nokia ist es, mittels der kostenfrei zur Verfügung gestellten Navigationsapplikation nicht nur eine Steigerung des Verkaufs von Smartphones, sondern auch zusätzliche Einnahmequellen durch lokal adressierte Werbung wie auch mittels

Premiumdiensten zu generieren. (1)
Nokias Navigationssoftware kann theoretisch auch auf allen anderen Handys anderer Hersteller funktionieren, aber der strategische Nutzen der resultierenden Daten wird dazu führen, dass andere Unternehmen ihr Handy für die Nokia-Software nicht öffnen werden. (2)
Nokia möchte mit seinem kostenlosen Navigationsangebot zum Marktführer werden. Um dieses Ziel zu erreichen wird in Qualitätsverbesserungen investiert. Navteq-Mitarbeiter laufen viele Strecken zu Fuß ab, um Schleichwege zu finden und diese in die Karten zu integrieren. Außerdem werden Kooperationen mit Bahn- und Busunternehmen geschlossen, um die nächsten Abfahrtszeiten integrieren zu können. Navteq arbeitet darüber hinaus an der Analyse von Flow-Daten, um über die Bewegung der Nokia-Nutzer Stauvorhersagen treffen zu können. (2)
Der Erfolg von Nokias Navigationsinitiative ist auch abhängig von der Unterstützung durch externe Entwickler. Diese haben in der Vergangenheit einen großen Anteil am Erfolg von Apples iPhone und den Android-Geräten gehabt. Es muss gelingen, genügend externe Entwickler für das veraltete Symbian60-Betriebssystem zu gewinnen. Allerdings ist für dieses die Applikationsprogrammierung aufwendig und teuer. Daher ist die Chance, dass Nokia hier erfolgreich sein wird und somit seine Ziele erreichen

kann, nicht sehr hoch. (2)

Trends

Gemäß Analysen des Marktforschers IDC nutzen weltweit derzeit 450 Millionen Menschen das mobile Internet. Im Vergleich dazu nutzen noch 1,3 Milliarden das stationäre Internet am PC. Bis zum Jahre 2013 erwartet IDC einen Anstieg der mobilen Nutzer auf eine Milliarde. (7)Die Zahlungsbereitschaft der Handynutzer für kleine Applikationen auf ihrem Handy lässt sich sehr gut am Erfolg des iTunes-Stores von Apple ablesen. So laden iPhone-Besitzer monatlich im Durchschnitt zehn Anwendungen auf ihr Gerät und bezahlen für jede Dritte davon. So soll Apple alleine im August 2009 zweihundert Millionen Dollar Umsatz haben mit den Applikationen gemacht. Ein Jahr zuvor waren es noch 30 Millionen. So erfolgreich ist Nokia mit seinem "Ovi-Store" noch lange nicht. Diese Plattform ist viel zu kompliziert und die Einbindung der Applikationen in die Gerätesoftware gestaltet sich häufig als schwierig. (9)Insgesamt gibt es derzeit 163 Millionen Smartphones, die für Navigationszwecke genutzt werden könnten. Alleine Nokia hält hieran einen Anteil von 83 Millionen Geräten. Bisher verfügen aber erst 27 Millionen Geräte über einen Navigationsservice. Nokia hofft mit seiner Maßnahme diesen Anteil signifikant steigern zu können und damit verbunden auch den Absatz seiner Smartphones. (1)Von Seiten der Analysten wird das Nokia-Angebot einer Gratis-Navigationslösung für Nokia-Smartphones sehr unterschiedlich bewertet. Positiv beurteilt wird, dass Nokia wieder Initiative zeigt. Allerdings ist Navigation nur eine von vielen Applikationen. Daher ist fraglich, ob sich auf dem Markt für Smartphones die Machtverhältnisse wesentlich ändern werden, wenn die Nokia-Smartphones an sich nicht attraktiver werden. (1) Außerdem sind die Analysten skeptisch, inwieweit die versiegenden Erlöse aus den Abogebühren für die Navigationslösung durch den Mehrverkauf von Geräten mindestens kompensiert werden. (1) Nokia erhofft sich durch die Steigerung des Wertes der Geräte zumindest eine Verlangsamung der Preiserosion. (2)Weltweit haben nur zwei Unternehmen die finanziellen Mittel, jährlich eine Milliarde Euro in die Aktualisierung von Landkartenmaterial und die Optimierung seiner Navigationsleistungen zu investieren. Das sind Google und Nokia. (8)Die Betriebssystemlandschaft im Smartphone-Segment ist von mehreren Plattformen besetzt. Googles Android-Plattform hat aufgrund ihrer Offenheit langfristig gute Überlebenschancen. Das gleiche gilt für Apples Plattform wie auch für die des vorwiegend im Unternehmensumfeld genutzten Blackberrys.

Schwieriger sieht es für Windows Mobile aus, sofern nicht wesentliche Änderungen eingeführt werden. Nokias Symbian-Plattform ist nicht mehr zeitgemäß und könnte auf lange Sicht Nokia weiter in das Segment für wenig lukrative Billiggeräte drängen. (5)Um Googles Übermacht in der Datenbasis und damit auch als Wettbewerber im mobilen Internet zu schwächen, überlegt Apple sich, auf seinen Handys die Suchmaschine von Google durch die von Microsoft zu ersetzen. (3)

Fallbeispiele

Die österreichische Firma Mobilizy hat eine Applikation "Wikitude" entwickelt, mittels der aus Quellen wie Wikipedia oder Googles lokaler Suche sämtliche Informationen zu einem von einem Handynutzer avisierten Objekt ermittelt und auf dem Handy-Bildschirm eingeblendet werden. Mit seinem "Wikitude World Browser" möchte das Unternehmen in diesem wachsenden Bereich einen Standard setzen. Weitere Anbieter sind Across Air und das niederländische Unternehmen SPRXmobile mit seinem Browser Layar.

Das Geschäftsmodell für diese Applikationen liegt in Erlösmodellen wie Werbung oder dem Verkauf der Applikationen. Immerhin sind 2009 weltweit 6,2

Milliarden US-Dollar für Mobilfunk-Applikationen ausgegeben worden. Weitere 600 Millionen wurden über Werbung auf den mobilen Endgeräten erlöst. Gefährdet ist ein Geschäftsmodell für diese Anwendungen erst, wenn Google einen kostenlosen Service auf den Markt bringt. Denn Google besitzt bereits einen sehr großen Datenbestand an digitalen Bildern. (4)
Googles neues Smartphone "Nexus One" ermittelt dank seiner integrierten Lagesensoren und der GPS-Ortung, auf welchen Teil des Nachthimmels der Nutzer sein Handy ausrichtet und zeigt dann mittels Googles Applikation Sky Map die Sternenbilder an, die sich in diesem Bereich befinden. (6)

Die US-Firma Skyhook hat weltweit die anonymen Kenndaten von einhundert Millionen WLAN-Stationen ermittelt. Damit sind genügend Datenpunkte vorhanden, um ein Internet-Handy auch in engen Straßenschluchten oder geschlossenen Räumen zu orten. Das ist alleine mit GPS-Ortung nicht möglich. (6)

Zur Verbesserung seines Navigationsangebots arbeiten die Mitarbeiter der Berliner Nokia-Tochter Gate5 an der Optimierung des digitalen Kartenangebots. So ist ein wesentlicher Vorteil gegenüber Googles Lösung, dass die gesamte Welt auf 4,4 Gigabyte Vektorkarten abgespeichert werden kann. Google schafft mit diesem Speicherplatz gerade das gesamte Berliner Stadtgebiet. Außerdem werden von Google die Karten über das Web hin und hergeschoben. Mit der Gate5-Lösung können Karten im Gerät selbst berechnet werden. Damit wird nur ein Bruchteil der Daten über die Webverbindung gesandt. (8)

In den USA hat Google bereits einen neuen Service für Smartphone-Nutzer vorgestellt. Mittels einer kleinen Software-Applikation können Handys 2D-Barcodes lesen. Teilnehmende - und natürlich Google dafür bezahlende - Unternehmen können an ihren Türen oder Schaufenstern 2D-Barcodes anbringen, die dann dem Handynutzer umfangreiche Informationen über das Geschäft und unter Umständen auch Kommentare von anderen Kunden übermitteln. (10)

Google bietet inzwischen auch einen Gratis-Telefondienst namens "Google Voice" an. Mit diesem erhält jeder Google Nutzer eine kostenfreie Rufnummer, die keine Ortsvorwahl benötigt und von Mobilfunkanbietern unabhängig ist. Allerdings gibt es diesen Dienst vorerst nur in den USA. (7)

Das zeigt, wie aggressiv Google um die Nutzer(-daten) des mobilen Internets kämpft, um damit die Datenbasis für sein Geschäftsmodell zu vergrößern.

Die Anbieter traditioneller Navigationssysteme beobachten die entstehende Situation sehr genau.

Navigon sieht Smartphones nicht als direkte Konkurrenz zu echten Navigationssystemen, insbesondere aufgrund deren geringer Bildschirmgröße. Außerdem arbeitet Navigon mit seinen Partnern und Automobilherstellern an alternativen Geschäftsmodellen. Die Aktien des Marktführers Tom-Tom brachen nach Nokias Ankündigung um zehn Prozent ein. (1)

Weiterführende Literatur

(1) Nokia zeigt der Branche, wo's langgeht
aus Handelsblatt Nr. 015 vom 22.01.2010 Seite 22

(2) Nokia macht Navigation kostenlos
aus Frankfurter Allgemeine Zeitung, 22.01.2010, Nr. 18, S. 18

(3) Weggegoogelt
aus Frankfurter Allgemeine Zeitung, 22.01.2010, Nr. 18, S. 20

(4) Das Internet in der Handy-Kamera
aus Frankfurter Allgemeine Zeitung, 19.01.2010, Nr. 15, S. 19

(5) CW-Kolumne Nexus One ? Belle de Jour
aus Computerwoche, 18.01.2010, Nr. 01

(6) Ende der Privatheit
aus Der Spiegel, 11.01.2010, Nr. 2, Seite 58

(7) Immer, überall im Internet, für alle Jetzt ist das iPhone von Apple nicht mehr allein. Die gesamte Branche rüstet zum Gegenangriff
aus DIE WELT, 02.01.2010, Nr. 1, S. W2

(8) Finnen lassen spinnen Anfangs entwerfen die Gründer von Gate5 virtuelle Räume für Architekten und Künstler. Inzwischen will Nokia mit den Berlinern zum Weltmarktführer für Navigationsdienste werden FTD-Serie Der Griff nach den StartUps Teil 3 Gate5
aus Financial Times Deutschland vom 29.12.2009, Seite 7

(9) Welche Appsichten verfolgt Apple?
aus Frankfurter Allgemeine Zeitung, 15.12.2009, Nr. 291, S. T1

(10) Shoppers, get out your smartphones
aus Frankfurter Allgemeine Zeitung, 15.12.2009, Nr. 291, S. T1

Impressum

Smartphone-Applikationen - Neue Geschäftsmodelle im mobilen Internet

Bibliografische Information der deutschen Nationalbibliothek

Die Deutsche Nationalbibliothek verzeichnet diese Publikation in der deutschen Nationalbibliografie; detaillierte bibliografische Daten sind im Internet über http://dnb.d-nb.de abrufbar.

ISBN: 978-3-7379-0362-2

© 2015 GBI-Genios Deutsche Wirtschaftsdatenbank GmbH, Freischützstraße 96, 81927 München, www.genios.de

Alle Rechte vorbehalten. Dieses Werk ist einschließlich aller seiner Teile – z.B. Texte, Tabellen und Grafiken - urheberrechtlich geschützt. Jede Verwertung außerhalb der Grenzen des Urheberrechtsgesetzes bedarf der vorherigen Zustimmung des Verlags. Dies gilt insbesondere auch für auszugsweise Nachdrucke, fotomechanische

Vervielfältigungen (Fotokopie/Mikroskopie), Übersetzungen, Auswertungen durch Datenbanken oder ähnliche Einrichtungen und die Einspeicherung und Verarbeitung in elektronischen Systemen.